새벽을 열다

국립중앙도서관 출판시도서목록(CIP)

새벽을 열다 : 우애자 시집 / 지은이: 우애자. -- 대전 : 지혜, 2014
p. ; cm. -- (지혜사랑 ; 098)

ISBN 978-89-97386-82-6 03810 : ₩10000

한국 현대시[韓國 現代詩]

811.7-KDC5
895.715-DDC21 CIP2014001450

지혜사랑 098

새벽을 열다

우애자

시인의 말

살아 숨 쉬는 시
내 삶이 시이고 시가 생명이기에
시를 떠나서 살 수 없는 나
시와 함께 숨 쉰다

2013년 겨울
우애자

차례

시인의 말 5

1부

투명한 거울 12
살아 숨 쉬는 詩 14
새벽을 열다 15
내가 가는 길, 17
은빛 멸치 19
돈 21
아득한 길 23
도마 위에 오르다 25
중독된 사람 26
옹이 27
보이지 않는 마음 29
남도 여행기 31
마음에 담은 바다 33
한 사발의 한약 35
아버지의 체온 37
은빛 언어 38
눈에 핀 불꽃 40
붉게 물드는 공원 42

2부

중심에 간직한 연필심, 44
새의 붉은 지문 46
문장의 발상 48
불랑쉬, 장미 50
한결같은 나무 52
터져버리는 풍선 54
탈선 56
소금꽃 58
길을 그려가는 발길 60
달의 도형 62
갈대의 뿌리 64
숯덩이 66
텃밭 68
목울대 넘어가는 뜨거운 국물 70
깊은 강물 72
떠나간 사람 73
독이 되는 말 74
붙잡지 못하는 말 76

3부

울음 연못 78
술잔과 입술 80
개나리꽃 함성 81
가녀린 싹의 힘 83
시린 봄 85
푸른 씨앗 86
한계선을 넘어서 87
느티나무 언니 89
하얀 억새, 91
나는 덜컹거린다 93
해 한 덩이 품으려고 94
뼈가 된 나사못 95
졸라맨 허리띠 97
풀잎 99
손톱 밑에 박힌 가시 100
늪에 빠진 정 102

4부

디지털 경매 104
고집불통 염소 106
은행나무 도인 107
풋밤이 가시를 세우다 108
시리우스 110
주름진 거울 111
새벽을 당기다 113
워낭 수묵화 115
뱀 허물 116
미루나무 오선지 118
서로의 그림자 따라 119
아버지 냄새 120
구두 한 켤레 122
견명성 삼 화음 124
길에서 길을 찾다 126
삼단 우산, 우주선 128
입춘 130

해설 • 삶으로서의 시, 시로서의 삶 • 이승희 134

• 일러두기
한 연이 첫 번째 행에서 시작될 때는 > 로 표시합니다.

1부

투명한 거울

글이란

혼을 담아 쓰기에

죽어 흙이 되어도

남아있는 글,

영원히 빛나는

영혼이 담겨있는

투명한 거울,

지구가 멈추지 않는 한

이름을 쓰고

>

역사를 쓰고

묘비를 쓰는 글

살아 숨 쉬는 詩

산소 같은, 물 같은
내 안에 또 다른 생명체
내 안에 詩가 자라나면

파라다이스 숲 속
시들지 않는 뿌리 깊은 소나무,
푸르게 무성하리라

해와 달이 자리를 옮겨가도
바위처럼 제 자리를 지키는
꺼지지 않는 등불
어두운 길 환하게 밝히리라

살아 숨 쉬는 시
내 삶이 시이고 생명이기에
시를 떠나서 살 수 없는 나
시와 함께 숨 쉰다

새벽을 열다

새벽하늘 별빛은

물먹은 흐릿한 눈빛으로 떠있고

페달을 밟고 도착한 가락시장

생선 비린내가 확 미간을 덮친다

반입된 물량, 공기 흐름에 하루가 시작되고

수요와 공급을 읽어내는 눈빛이 붉다

예민한 신경전, 팽팽하게 당기는 생의 줄기에

손가락은 푸른 가지를 뻗는다

감각으로 연신 허공을 가르는 손가락

>

물건값을 당기는 중매인들 눈에 불꽃이 이글거린다

손가락 끝에서 아프게 피어나는 새벽 여섯 시,

내가 가는 길,

우거진 안개 숲에서
이리저리 떠도는 반딧불
숨 몰아쉬며 환한 길 찾아보지만
어디에도 길은 보이지 않는다

해와 달 구름 뒤에서
푸른 계절을 놓쳐버리고
미로의 길에서
소수점으로 옮기는 발목이 무겁다

캄캄한 어둠을 끌어안고
무거운 발끝으로 덤불을 넘어서니
또 다른 가시밭길이 앞을 가로막는다

한 발짝도 내다볼 수 없는 어두운 길,
멀리 널리 바라보는 마음의 눈으로
쉬지 않고 한 걸음씩 나아간다

>

내가 마지막 떠나는 날
환한 얼굴에 미소 머금고 떠나기 위해
중심을 잡고 심지에 불을 붙인다

은빛 멸치

제 속에 바다를 가둔 은빛 멸치
바다의 비린 정을 놓지 못해
몸을 안으로 안으로 구부린다

잊히지 않는 깊은 생을 끌어안고
등 굽어지고 은빛 비늘이 벗겨져도
감지 못한 눈은 푸른 바다를 향해 달리고 있다

은빛 멸치는 어두운 상자 안에서
오래도록 아픈 꿈을 꾼다
길은 어디에도 보이지 않는데
끊임없이 길을 만들었던
찬란했던 시절만큼 가슴 시린 시간,

소금기에 하얗게 굳은 멸치
아픈 그림자를 지우며
은빛 비늘로 푸른 바다를 부른다

저 은빛의 아득함,

내 안에 있는 푸른 바다가
하루 종일 출렁인다

돈

날개도 없이 발도 없이
방방곡곡 누빈다

죽음의 문턱까지 간 사람 다시 불러들이고
살겠다고 발버둥 치는 사람 저승으로 데려가는
심줄보다 질긴 올가미 같은 돈이 나를 노려본다

나에게 없어서는 안 되는
목숨을 지탱하는 소중한 돈
억센 줄기의 힘이 오늘도 나를 시험한다

시뻘겋게 눈을 뜨고 귀를 세운 돈
맑은 영혼인양 탈을 쓰고 뽐내는 돈
불쌍한 척 고개 떨군 채 독버섯처럼 자라는 돈

피곤한 하루가 끝날 때면
눈 달린 돈, 귀 달린 돈

한 푼 두 푼 세어본다

돈이 나를 세고 있다

아득한 길

삶의 가파른 길, 숨을 헐떡이며

아찔한 낭떠러지에서

간절한 눈으로 사방을 둘러본다

아무 것도 보이지 않는 캄캄한 길

용기를 잃지 않고

다시 마음을 다잡는다

가까스로 한 줄기 빛을 부여잡고

별빛으로 길을 찾아 한 걸음씩 나아간다

걸림 돌에 걸려 넘어져도

>

포기하지 않고

무거운 짐 무거운 몸 이끌고

고난의 길, 나만의 길,

가다가 지쳐 쓰러지면 다시 일어나

후회하지 않을 환한 길을 찾아

먼 하늘, 먼 산을 바라보며 길을 찾는다

길은 내 안에 있다

도마 위에 오르다

언젠가 도마 위에 올려진

물고기가 된 적이 있었다

칼날처럼 쏟아지는 입방아에

상처입고 빼끔빼끔 눈물을 삼켰다

찢어진 지느러미로 중심을 잡고

바다로 나아가는 몸짓을 멈추지 않았다

상처가 깊이 파고들수록 붉은 피는 뜨거워져

은빛 비늘이 돋아나고 하늘 문이 열렸다

상처는 아름다운 빛이 되어 눈이 부셨다

중독된 사람

타워팰리스는 늘어가지만
오솔길은 사라져간다
길은 넓어 지지만
시야는 좁아져 한 치 앞도 볼 수가 없다
원자와 분자는 쪼갤 수 있어도
마음의 벽은 쪼개지 못한다
우주는 갈 수 있어도
가까운 우리는 하늘의 별 보다 더 멀다
교환 가치를 잃어버린 사람들
메말라 가는 정, 냉혹한 시선
고속철도, 일회용품, 트위터
날이 새면 쓰레기가 되는 정보들
손가락은 길어지고 머리만 커지는
사이버 시대,
느린 것의 아름다움을 잃어버린 채
속도에 면역되는 사람들
중독,
그것이 독인 줄 모른다

옹이

내 나이 스무 살 때
나이팅게일 새처럼
부목에 붙어 지냈다

아버지, 옹이가 박힌
고사목으로 무너질까 봐
밤낮으로 뜬 눈으로 자리를 지켰다

북쪽 하늘의
별 하나로 떨어질 때
가랑잎도 바스락거리며 울었다

빈 가지에서 나이팅게일 새가
아버지, 아버지 부르는 노래는
슬픔을 이기려는 또 다른 울음,

해마다 그날이 오면

가슴에 뿌리박힌 아버지

푸른 나무로 자라오른다

보이지 않는 마음

동녘 하늘에
둥근 해가 떠오르면

머리보다
마음이 먼저 눈을 뜬다

찬란한 빛,
누가 먼저 볼 수 있을까

속이지 않고
욕되지 않고
죄 되지 않는 사람이라도
우리는 너무 믿지 말아야 한다

명예, 권력, 돈, 지식
다 갖춘 능력 있는 사람이라도
우리는 너무 의지하지 말아야 한다

>

자신의 꿈을 위하여
스스로 찾아내고
스스로 감당하고
스스로 해결해야 한다

남도 여행기

영암, 높은 산맥으로
기암괴석 펼쳐진 월출산,
정기를 이어받은 구림 마을에
정통 한옥 월인당 자리 잡았다
대숲 위에 치솟은 높은 황토 굴뚝 연기
달빛과 어우러져 한 폭의 풍경화가 그려질 때
구름에 가린 달이 얼굴을 내밀고 끼어들었다

지인들 달빛 가득 넘치는 잔을 들고
장구 가락에 흥겨워 어깨 춤을 추며
음률에 도취되어 얼굴이 불그레 황톳빛으로 물들었다

아침 일찍 대숲에 참새들 인사가 요란스러웠다
소나무 대나무 둘러싸인 모정리 원풍정,
선조들 얼이 새겨진 정자를 둘러보았다
도선국사가 버려진 국사암을 거쳐
고죽과 홍랑의 이별 시를 읽고

별 박사 최지몽 생가를 둘러 은적 산에 올랐다
첫 산행이라 힘이 들어 이심전심으로
향촌님과 손 잡고 서로 이끌어 주었다

왕인이 공부한 책 불 입구가 좁아 들어가지 못했지만
조용하고 평온한 작은 공간이 내 안에 들어왔다
월대암, 올라 영암을 한눈에 내려다보니
잠시나마 삶에 얼룩진 마음,
잔잔한 영산강에 띄워놓고 무아경에
가볍게 둥둥 떠다니는 뭉게구름,

마음에 담은 바다
— 통일 염원

바다, 내 마음의 넓이를 구하는
경전과 경문이 깊숙이 숨겨있다

빛깔도 꾸밈도 없는 작은 물방울
높은 곳에서 낮은 곳으로
터지고 깨어진 작은 수포들
언젠가 하나로 화합하면 거대한 바다가 된다

밀려왔다 밀려가는
삶의 파도에 흔들림을 안으로 삼키면
사나운 풍랑이 잔잔해질 때까지
속으로 꾹꾹 눌러 삭히고 감내하는
바다가 가르쳐준 경전을 외운다

별처럼 빛나는 수많은 잠언들
푸른 하늘의 둘레를 넓혀 가지만
짭짜름한 바람이 내 얼굴을 어루만질 때마다

비밀처럼 간직해온 바닷물이 눈에서 흐른다

눈물이 깨우는 어스름 마음 안에서
바다의 넓이를 닮아가는 가슴속 염원
손 바닥 안에 푸른 바다가 일렁이며 차오른다

한 사발의 한약

황혼이 깃드는 저물녘
독과 약을 구별하지 못해 휘감기는 갈등
한 사발의 한약처럼 나를 달이는 인내,
가슴이 쓰라리다

독이 약이 되고 약이 독이 되는 세상
진짜와 가짜가 뒤바뀌는 현실 앞에
쓰라린 뜨거움을 온몸으로 견디며
안간힘으로 고통을 쏟아내고 있다

내 안에 욕심을 드러내고 씻어 내야만
새로운 삶을 만들 수 있을 텐데
온몸이 울음주머니가 되어
터져 나온 통곡에 옆구리가 결린다

내 안에서 한 발짝도
움직이지 못하는 또 다른 나

적막한 어둠 속에서
한 줄기의 빛을 찾아 온전한 나를 찾는다

밑바닥까지 내려가야만
나를 찾을 수 있다면
바닥에 납작 엎드려 눈과 귀를 닫고
순종하고 침묵하며 인내한다

아버지의 체온

아버지의 그림자 따라 검은 새들이 날아온다
검은 밤을 뒤덮는 슬픔
뜬 눈으로 열리지 않는 문을 붙잡고 당기는 시간
깊은 곳에서 돌아오지 않는 아버지 체온에 휩싸인다
찬 공기가 손안에 들어와 죽음의 온도를 전해주는 순간
밀물처럼 밀려드는 감정들
아버지의 체온 가슴으로 느끼지만
마주칠 수 없는 손바닥 사이로
붉은 꽃송이 견딜 수 없는 오열에 바닥으로 떨어진다

아버지가 있는 곳에도 붉은 꽃들이 피어 있을까…
가슴에 꽃 달아주던 조그만 한 손 기억하고 있을까…
몸 안으로 지나간 시간
허공을 끌어안고 스러지는 밤,
털어 낼수록 더욱 밀접하게 달라붙는 얼굴
내 얼굴을 뚫어지게 바라보던 흐뭇한 미소,
손을 꼭 잡아주던 체온,
숨이 막히도록 입술을 깨물고 엎어져 붉은 슬픔에 젖는다

은빛 언어

길고 긴 항해,

울음에 갇힌 말들이 물거품 속에 흩어진다
발음되지 않는 기호, 파도처럼 부서져
가슴지느러미 사이로 미끄러져 자취를 감춘다

물위에 떠오르면 제 것인양 뽐내지만
더는 문장을 끌어올리지 못해
의문에 꼬리를 달고 심해에 빠진다

제 것이 될 수 없는 것을 쏟아 내지만
눈앞에 밀려오는 파도에 휩싸여 구르다
목이 타는 갈증에 물위에 떠올라 다시 길을 찾는다

지치고 힘들어도 처음으로 거슬러 오르는 사투
상처투성이 몸에서 줄줄이 쏟아지는 언어의 알,
은빛 언어가 부화되어 꿈틀거린다

>

혼신의 힘으로
사선을 넘어온 상처들이 빛이 되어
진정으로 다져진 한 문장,

하늘 별 바다 어디에나 울림이 퍼져간다

눈에 핀 불꽃

아홉 살 때, 울산 옥교동 성둑 밑 공터,
먼 우주에서 온 별처럼 손짓하던
용접 불꽃, 나비처럼 날아
왼쪽 동공을 뚫고 들어와
운명의 길 어지럽게 흐트러 놓았다

빛을 좇던 왼쪽 눈, 바람 빠진 공처럼 찌그러지고
가시보다 따가운 햇빛을 피해 그늘을 찾았다
한쪽 눈이라도 볼 수 있어 다행이라 스스로 달랬지만
국어시간만 되면 두려움에 떨었다

초점이 흐려 절박한 글자들 흩어져 허공을 날고
애꾸눈 이름이 면도날 되어 오래도록 저미며 아프게 했다
풀이 죽은 외톨이 눈앞의 문장들 속에 유배되어
고요한 숲속을 어지럽게 적셨다

어두운 마음은 가까스로 한 줄기의 빛을 찾아

외로울 때나 막막할 때나 책을 펴
한 눈으로 시간 가는 줄 모르며 밤을 지새웠다
항상 곁에서 수호천사가 되어 나를 지켜준 책,

어느새 신체 일부가 된 갈비뼈 같은 소중한 책
길을 열어 시를 쓰게 한 비망록의 한 문장,
내 아픈 삶이 꽃이 되고 시가 되었기에
시를 떠나서 살 수 없는 시각 장애인,

어두운 길 위에서
마음의 눈, 밝은 빛을 품고
한쪽 눈 잃은 무늬, 초점을 찾아
넓고 깊은 강한 빛으로 새로운 길을 연다

붉게 물드는 공원

공원 외길
바람이 자음과 모음을 펼쳐 놓은
글귀가 되어 나뭇가지를 흔든다

벌레 먹은 나뭇잎엔
한때 꿈꾸던 벌레들의 자리 노랗다
푸석한 마음 점점 한쪽으로 기울어져

땅바닥에 떨어지는 낙엽 하나,

나를 붙잡아 주던 문장들
지나간 시간 속에 거울이 되어
나를 가슴 쓰라린 붉음으로 물들인다

붉게 물드는 단풍잎 이젠 어디로 가나
아니, 애초 떠남도 돌아옴도 없는 길
삶이 한 세월 바쁘게 살았다는 붉음인가

내 발걸음도 저리 붉은지

2부

중심에 간직한 연필심,

하루 하루
쓰다 지우고, 쓰다 지우는 몽당연필,
간직할 수 없는 기억들
날카로운 칼날 사이로 흔적 없이 사라져간다
소멸의 조각들 하얀 종이 위에
상형문자를 그린다

예민한 감정에 뾰족한 연필심,
힘든 마디마다 고비의 사막을 넘나든다
무수한 생각들이 잘려 나간 자리에
연필심을 잡고 땅의 흔들림을 짚어본다

풀 수 없는 문제들 헝클어지는 시간 속에
뼈를 깎아내는 고통을 끌어 안는 고초,
작아지고 낮아진 연필심은 더욱 단단해진다
측백나무의 무늬가 새겨진 나이테마다
조금씩 깊어지는 눈,

연필심을 중심에 간직하고
마음이 닿고 싶은 넓고 깊은 하늘을 본다

숲이 고요해지자
향나무의 향기, 스스로를 지우며
단호하게 마지막 문장 쓰기에 열정을 쏟는다

소멸하는 방법으로 남아있는 법을 배운다

새의 붉은 지문

하늘 높이 날아가는
구름의 문양 속에
새들의 희미한 그림자를 본다

잊지 못할 기억 몸 깊숙이 새겨 넣으며
새끼들의 예행연습을 위해
더 높이 공중으로 날아 오른 어미 새,

멀리 날아 갈수록 어스레한 빛 속에
눈에서 멀어져 가는 새끼의 그림자가
아스라하게 가슴속에 스며든다

갈 곳 잃어,
나뭇가지에서 홀로 서성이는
새끼의 울음을 눈으로 듣는다

부러진 날갯죽지

어설픈 몸짓으로 간신히
푸름을 향해 날아오르는 새끼,

또다시 예기치 못한 기류에 휩싸여
눈 바로 뜨지 못해
그림자로 암벽에 부딪혀 떨어질까

놀란 가슴,
지워지지 않는 붉은 지문을 찍으며
벼랑 끝에서 새끼 새만 쳐다본다

문장의 발상

메마른 가슴을
쉬지 않고 파헤친다
아무리 파헤쳐도 꼼짝 않는다

어디에 묻혔을까
넓은 들판에, 산자락에
이슬의 눈물 속에 파랑새 울음 따라
닿소리 홀소리 찾아 끝없이 헤맨다

몰아 일념으로 집중하지 못해
문장 모서리에 걸려 넘어지고 만다
터지고 깨어진 행간을 일으켜 세워
다시 문맥을 맞추어 보지만
여전히 각으로 어그러지고 만다

파헤치고 파묻고 계속 반복하는 동안
서녘 하늘만 붉게 물들고

펄펄 끓는 가슴은 붉게 타 들어간다

얼마나 더 오래
가슴을 헤집고 뒤집어야
번쩍 빛나는 시의 보석을 찾을 수 있을까

지구를 얼마나 더 많이 돌아야
내가 너를 만날 수 있을까
언제쯤 네가 내 이름 불러줄까

불랑쉬, 장미

탱자나무 울타리 속에서
살며시 고개 내민 백장미

진딧물이 와글거릴 때마다
가시가 꽃잎에 닿을 듯 말 듯 스칠 때마다
하얗게 겁에 질려 파르르 떨고 있다

한 영혼이 깃들어 있는 것일까
가시 창살에 갇힌 블랑쉬, 장미
눈빛 청정하고 숨은 향기 은은하다

장미가 환하게 피어나면
가시에 찔려 선홍색 피 흘리며
향기로운 장미를 안겨주던 행복한 눈빛,

창백한 얼굴로 떠나간 당신,
촛불처럼 흔들리는 당신의 눈빛을

잊지 못해 고개 떨구며 묵묵히 걸어온 길

춥고 어두운 막막한 길 위에서
언제나 나와 함께 하는 당신의 영혼
내 안에서 밤낮으로 나를 지켜본다

한결같은 나무

달빛이 어두운
그림자를 밀어내면
나뭇잎 반짝이며
가지마다 오랜 길을 낸다

길 잃은 날짐승들 불러
아늑한 둥지를 내어주는 나무,

못다 이룬 염원,
쉼 없이 수액을 끌어올려
눈부시게 빛나고 싶었던 꿈,
하늘 끝으로 뻗어가는 굳은 줄기

바람이 불어 몸을 비틀 때마다
욕망을 털어내는 침묵
묵언수행하는 나무 고요하다

한 모습 한뜻으로
높은 산, 짙푸른 숲
수목산수화를 펼친다

싱그러운 향기,
촉촉하게 젖어드는 소나무
우거진 숲, 푸름이 무성하다

터져버리는 풍선

시퍼런 색깔로
터질 듯 부풀어 오른 풍선을 본다

붉은 입술은 끝없이 독설을 뱉는다
날카로운 감정이 쌓이고 쌓여
언제 터질지 모르는 풍선

네가 뱉은 독설이
귀에 달라붙어 벌겋게 발진을 일으킨다
약을 먹어도 조절이 안 되어
위험 수위를 넘어선다

보지도 못하고 듣지도 못하는
캄캄한 장벽이 앞을 가로막는다
한순간에 무너지는 독성,
그 순간을 참고 견디지 못해
터져버리는 풍선,

믿음이 산산이 부서지는 아픔
너의 마음 다독이지 못해
쏟아지는 빗줄기에 온몸이 젖는다

깨어진 항아리,
빗물이 흥건하다

탈선

중학교 수학여행에서 돌아오는 중
청천 역 출발, 불의의 사고 열차에서 떨어졌다
역장은 놀라 말을 더듬었다

이승과 저승 사이 연꽃 만발한 팔각정,
넌 죄 짓지 않았으니 돌아가 죄 짓지 마
근엄한 할아버지 목소리
붉은 심장에 각인된 약조,

그날 이후, 스스로 낮아지고 작아졌다
어제 본 하늘과 땅이 아닌 다른 세상,
개미 한 마리 돌멩이 하나 풀잎까지
내 안에 들어와 환하게 피어났다

다시 눈 뜨게 된 삶,
목숨으로 한 약속, 잠시도 잊을 수 없어
온갖 힘을 다 해 내면과 외면이 평행선을 이루는

일직선의 선로 따라 열심히 달렸다

곧은 레일 위에서
궤도로 달리는 억척같은 열차,
팽팽한 심줄로 오늘도 쉬지 않고 달린다

소금꽃

— 죽도에서

당신이 몸을 던진 검푸른 바다
푸른 맹세가 물보라로 부서지던 날
죽도 하늘이 붉다

무늬도 없는 하늘에
갈매기 울음소리 허공에 걸린다
허공에 걸린 울음 조각 가슴을 파고들어
슬픈 얼굴에 흰 소금꽃을 피운다

짜디짠 눈물이 가슴에 고여
소금꽃으로 피어난 당신,
지울 수 없는 그림자가 되어
바람의 발자국 따라 끝없이 밀려온다

파도처럼 밀려오는 당신,
절규를 토해낸다
물거품이 젖은 모래를 움켜쥐고

자취 없이 사라진다

사랑은 시들지 않는 꽃,
내 영혼 속에 스며드는 향기
당신의 소금꽃 향기,

신비한 빛으로 나를 지키는 소금꽃

길을 그려가는 발길

몸이 기우는 동안
내 안에 지도를 그려 넣는다
질주의 기억은 굳은살이 되어
아픈 꽃을 피운다

바닥으로 몸을 낮추고
세상 길을 읽어가던 날
내 발을 키우며 자라나는 세상사
저 넓은 세상을 다 읽을 수가 없어
무거운 발길로 헤매던 길,

길이 열리고 닫히는 갈림길에서
잠시 생각을 움켜쥐고 망설이다가
순간 길을 잃어버리고 돌고 돌아오는 길
발뒤꿈치가 벗겨지도록 걷다 보니

어느새 길은 다시 열린다

>

천 길 낭떠러지를
발바닥에 새기고 걸어온 길,
휘청거리며 중심을 잡으려고
뼈마디가 삐걱거린다

거울 속 무수한 길들을 지우며
하나의 길만을 그려간다

달의 도형

매년, 골목길에서
겨울을 지키는 호떡 장수 아주머니
슬픔과 괴로움을 둥글게 반죽하고 있다

반죽으로 빚은 동그란 생각들
납작하게 눌렸다 뒤집어진다
뜨겁게 몇 번 뒤집어져야
노릇하게 익어가는 삶이 될까

구워지는 동안
납작해진 호떡의 꿈,
흔적만 남기고 종이봉투에 담겨
제 갈 길로 돌아가는 시간

하루가 저물면
신음에 부어오른 팔 다리,
얼룩진 손금은 고달픈 잔금을 지우며

또 한 발자국 운명의 선을 넘어선다

작고 못생긴 호떡이 소원을 빈다
빙그르르 날아 오른 그녀의 꿈
하늘에 떠오른 둥근 달,

어두운 골목 길이 환해진다

갈대의 뿌리

발목을 적시는 시린 아픔을
더는 견디지 못해
흐르는 강물로 씻어내고 또 씻어낸다

마디마다 맺힌 응어리 풀지 못해
한 꺼풀씩 벗겨
흐르는 강물에 흘러 보낸다

물결이 세차게 흘러 갈수록
강줄기를 붙잡고 놓지 않는 것은
발목을 붙잡는 물살 때문일까

차마 지우지 못하는
심장, 중심을 차지하는
기억 때문일까

휘몰아치는 바람에

허리가 휘어져도
장대비가 갈대꽃을 후려쳐도
뻗어가는 뿌리의 힘으로
다시 일어서는 저 갈대,

갈대는 단단한 줄기로
마지막 마디까지
환한 미소를 밀어 올린다

발 밑으로 슬픔을 흘러 보내며

숯덩이

매듭 많은
참나무 가지를 불길에 던진다

새까맣게 타 들어가는 시간
안쪽에서 불길에 휩싸이는 참나무
절박하게 타 들어가는 생이 뜨겁다
타닥, 타닥,

태워야 운명을 넘어설 수 있는
환생의 길,

시커먼 도끼 날을 삼키고도
굳은 심지로 단단하게 여문 씨앗
빗살 무늬 흉터로 꽃을 피운다

아직 낮은 산을 지키는
참나무를 짚어보면

벼랑 끝에 선 그 시간,
굳게 닫힌 말문을 연다

숯덩이 하나
자신을 태우는
불꽃으로 생의 길을 연다

텃밭

세 평 밖에 안 되는 텃밭
고랑과 이랑 사이 잡초만 빽빽하다

호미를 고쳐 잡고
다시 씨앗을 뿌리고
흙을 고르고 다진다

오랫동안 흙 속에 묻혀있던 씨앗이
하늘과 바람과 한 세상 만나겠다고
길을 내면서 걸어 나온다

화려한 꽃이 아니면 어떤가
제 이름대로 올곧게 제 자리를 지키는
저 소박한 아름다움

프로필이 별처럼 빛나지 않아도
고랑마다 흙냄새가 뭉클하게

가슴을 진동시킨다

시의 텃밭이 환하게 밝아오는 새벽

목울대 넘어가는 뜨거운 국물

곰국을 우려낸다
뼈들이 한참 끓고 난 후
몸 안의 풍경을 하얗게 쏟아낸다
비워낸 것들의 자리가 말갛다

낡은 식탁에서 곰국을 먹다가
목울대 넘어가는 뜨거움을 헤아려본다
내 속의 뼈들이 들썩이며 수런거린다

뜨거운 가슴 얼마나 더 오래 끓여야
깊은 맛을 내는 진한 시 한 편 볼 수 있을까
한 번도 내게 얼굴을 보여주지 않는 시,

얼마나 더 오래 끓여야
새하얀 진국이 우러날까
안개 속에 뿌옇게 시야가 흐려진다

>

지나간 시간 속에 잊히지 않는 시어들을 되뇌어 본다
나의 시어들도 그들의 가슴에서 오래도록
가만히 부르는 노래이면 좋겠다

가슴을 환하게 밝혀주는
울림이 큰 진정한 시,
영생불멸, 밝게 빛나는 별

깊은 강물

강물 소리 온몸으로 흐른다
흔들리면서 꿈을 꾸는 갈대의 몸짓처럼
만남에 부풀은 강물 서로 감싸 안고 굽이쳐 흐른다

갈숲 사잇길을 열어 기다리는 갈대 뿌리
외길로만 가는 강물 소리에 귀를 여는 시간
그리운 자리마다 환한 등불이 켜진다

깊을수록 더욱 뜨거워지는 붉은 피의 열정
흔들리지 않는 깊은 강물이 되어 흐른다
내 안에 끝없는 강물 소리 들린다

내 안의 오직 한 사람
그 깊은 강심을 따라 흘렀어도
오늘 다시 그 자리,

속 깊은 강물 말없이 흐른다

떠나간 사람

너와 나의 길이 달라
스산한 달빛 안고
차가운 밤이슬로 떠나간 사람

그리움은 견디면
강물 따라 바람 따라
말없이 흘러가는 것을

마음의 고리 끊어도
기억이 엉킨 질긴 끈을
놓아버리지 못해 적막한 밤,

뜬 눈으로 뒤척이며
창문 흔드는 바람소리에
애잔한 달빛만 끌어안고 운다

독이 되는 말

남의 말이라 함부로 하는 말,
치명적인 독이 되어 심장을 찌른다

가슴을 압박하는 고통에
얼굴이 일그러지고 온몸이 떨린다

독이 퍼질 때마다 숨이 막히는 통증에
눈에 피눈물이 고인다

안간힘으로 간신히 숨 쉴 때마다
다스리지 못하는 감정이 이성을 잃게 한다

정신을 가다듬어 조용히 눈을 감고
앙금을 가라앉혀 평온하게 자존심을 지킨다

꼿꼿하게 중심을 잡고 독이 되는 말,
발효시켜 향기로운 말로 마음을 달랜다

>

하찮은 남의 말이라도 귀를 기울이고
마음을 기울이고 정성을 기울여 들어준다면

남이 나의 말을 들어주고 믿어준다

붙잡지 못하는 말

고운 음색 맑은 영혼,
진실한 말이 마음의 문을 열게 한다

한번 뱉은 말은
다시 붙잡지 못한다
시공을 떠돌다 우주 근원을 떠돌다

십 년이 갈지 백 년이 갈지
응어리가 부서져 가루가 되어야
비로소 땅 속에 묻히는 말,

때가 묻은 말, 남을 죽이는 말
맑은 바람에 말리고 갈무리해
순진무구한 말로 마음에 담는다

진실을 담은 진정한 말
언행일치로 하나가 되면
먼 우주에서도 서로 화답한다

3부

울음 연못

경기도 연천군 청산면
열두 개울로 걸어간다

발걸음 내디딜 때마다
개구리울음 깊어져
발목을 잡고 놓지 않는다

한 치 앞도 내다볼 수 없는 어둠 속
발자국마다 개구리울음 따라온다

나도 모르게 발걸음 멈추고
차오르는 그리움에
울음 연못에 빠져 서럽게 운다

눈, 귀 닫아온 세월의 연못,

어린 두 자식만 남기고

먼 길 떠나버린 사람,

그가 찾아와 울고 있다
내 안에서 서럽게 울고 있다

술잔과 입술

눈길이 통하는
술잔끼리 건배를 한다

나를 꾹꾹 눌러 담은 잔을 건네면
마음 철철 넘치는 잔이 되돌아 온다

단숨에
들이키는 마음 한 잔

오가는 눈빛이
가슴에 불씨를 지핀다

입술이 찍힌 붉은 술잔
짜릿한 감각, 입술에 와 닿는다

얼어붙은 마음, 출렁인다

개나리꽃 함성

환한 빛으로
상처 어루만지며
강변도로 둑길에 핀 개나리꽃,

겨우내 움츠렸던 줄기마다
꽃망울이 꿈틀거리며 일어선다
눈부시게 비탈길 가득 물들인다

세찬 바람에 시달리면서도
스러지지 않는 곧은 줄기로
서로 밀어주고 받쳐주는 개나리꽃

눈을 크게 뜨고 입을 크게 열어
샛노란 꽃들이 생기 발랄하게
나를 부르는 함성을 듣는다

움츠린 마음이 문을 연다

노란 꽃들의 생기가 가슴에 충전되어
뜨거운 피가 활기차게 요동친다

가녀린 싹의 힘

내면에서 솟아나는 에너지,
나를 지키는 힘은
팔뚝에 뻗치는 핏줄기의 내력이다

가느다란 긴 털이 숭숭 나있는 팔뚝,
바람에 흔들리는 말초신경의 촉수들
사람들은 신기한 듯 바라본다

고향 집 부엌에 자리 잡은 우물,
열한 식구 빨래와 설거지를 한
두레우물이 내 팔뚝의 힘을 키웠다

무거운 짐을 들고 나르는 끈기도
깊어지고 단단해진 팔뚝의 힘,
삼손의 털처럼 강하게 버티고 견뎌낸다

칙칙한 바람이

틈만 나면 밀어보고 당겨보아도
흔들리지 않는 내 중심의 무게는

가느다란 털 속에 숨어 있는 팔뚝 뚝심,

시린 봄

빗살 무늬로
가슴을 적시는
시린 봄날

가지마다
상처의 마디가 굵어지고
나무 둥치가 묵은 허물을 벗는다

마디마다
응어리진 감정을 풀고
정수리까지 툭,

내 안에 숨은 바람
내 몸을 더듬으며
길을 연다

환하게 꽃 핀다

푸른 씨앗

씨앗의 등허리에
푸른 상처
돌멩이 매단 듯
한 쪽으로 기울어져 있다

누구에게도 내보인 적 없는 속,
검붉은 녹이 쌓이는 동안
여러 계절이 지났다

까만 씨앗 하나
상처를 안고 한 쪽으로 구르다
멎은 자리

봄 햇살이 푸르다

한계선을 넘어서

찔레는 한계선을 넘어
앞을 못 보고 시공간 속에 멀어지는
희미한 그림자만 더듬어요

캄캄한 어둠 속에서 시들어 버릴까
날카로운 바람의 가시에 찔려 상처 입을까
찔레꽃은 조바심에 빛깔이 바랬어요

휘몰아치는 폭풍우,
꽃잎에 수직으로 떨어지는 빗줄기
꽃술의 향기를 몰고 흔적없이 사라졌어요

남아 있는 것은
어색하게 쪼그라드는 초라한 꽃받침,
땅에 떨어진 멍들고 일그러진 꽃잎뿐

한때는 당신과 나 향기 가득한 꽃으로 피어났죠

오월이면 환하게 피어나고 싶은 찔레꽃,
이제 어디에서 꽃을 피우나요

어디에서 당신을 볼 수 있나요

느티나무 언니

해는 저물고 바람소리만 거칠어요
깃들던 새는 둥지를 버리고
돌아오지 않는 저녁

느티나무 제 나이테에 주름이 더해 가네요
살붙이 걱정에
하루도 바람 잘 날 없던 느티나무

가지마다 나뭇잎은 떨어지고
검 갈색 껍질눈만 남았네요
찾아가면 환한 보름달처럼
길을 밝혀주는 느티나무 한 그루
허덕허덕 쫓기며 살아가느라
둥치 한 번 안아보지 못했는데
하늘만 받히고 서서 밑동 굵어져
굳은살만 배겨있네요

>

모진 비바람에 간 쓸개 다 빼주고
속이 텅 빈 느티나무
생의 끝자락에서
차가운 새벽 별을 바라보며
홀로 기도하고 있나요

하얀 억새,

퇴근길 들판에 억새가

가을 햇살을 온몸으로 껴안고

바람이 등을 떠밀어도 한쪽만 바라보고 서있다

이리저리 흔들리는 사람들 보다

꼿꼿한 줄기로 환하게 핀 억새꽃,

한 폭의 밀레 그림을 연상시켰다

생존경쟁 속에서 순간순간

보호색으로 변하는 사람들 보다

가느다란 줄기로 지탱하고 버티는 억새,

>

맑은 바람 속에 질서 정연하게

나부끼는 억새의 군락,

어느새 내 마음, 하얀 억새꽃이 되어

억새의 나부낌 속에 가벼이 나부낀다

나는 덜컹거린다

허둥지둥 길을 나선다
지나가는 단발머리 여학생이
"짝짝이 신발"하더니 큰 소리로 웃는다
순간 나도 모르게 발을 내려다본다
헐레벌떡 돌아와
제 짝을 찾아보지만 짝이 보이지 않는다
안개에 갇힌 듯 두 발이 기우뚱거린다
길을 나설 때마다 허겁지겁 허둥댄다
뒤늦게 시작한 배움의 길,
언어의 푸른 숲을 찾아
문장과 문장 사이로 달릴 때마다
낡은 엔진은 시동이 자주 꺼진다
울퉁불퉁한 길 위에서
내게 맞는 신발을 찾지 못해 넘어지기도 한다
그럴 때면
나를 붙잡아 주고 위로해주던 말들이
서두르지 말고 천천히 가라고 마음을 달랜다

해 한 덩이 품으려고

새 해, 새 마음
새 단장을 하고
올라간 아차산,

등 굽은 소나무가
밝아오는
동쪽을 바라본다

산봉우리 떠밀고
솟아오른 태양이
가슴에 고인 어둠을 몰아낸다

안개가 걷힌
맑고 높은 하늘에
소망이 날개를 펼친다

휙~
한 획이 가슴에 그어진다

뼈가 된 나사못

척추에 세운 네 개의 기둥,

살을 찢고 뼈를 뚫고
몸속에 들어온 나사못
태엽을 감듯
헐렁한 몸을 단단하게 조였다

오로지 정상에 오르는 일념에
허리가 휘어지는 것도
아랑곳하지 않았다

중심을 붙잡고 버티는 나사못
가끔 뜨끔뜨끔 적신호를 보낸다

몸을 지탱하는
척추 5번 4번 사이 네 개의 나사못,

>

판독기에 내 뼈를 걸어 놓고
일 년에 한번
내 몸을 읽는다

나를 짚어 본다

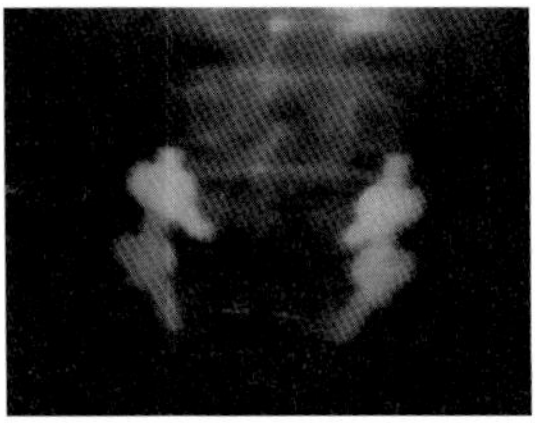

졸라맨 허리띠

빈 가슴에
반듯한 집 한 채 지어
탄탄한 대못을 박아 놓았다

끝없는 계단, 가파른 산동네
겨울엔 빙판에 미끄러지고
여름엔 땀으로 목욕을 하며
허리 굽혀 들어가던 문간방,

기댈 곳 없고 가진 것 없는 무일푼,
결심의 허리띠를 조르고 졸랐다
지구가 단잠을 자는 새벽녘
샛별을 머리에 이고 일터로 나가는 발길

고단한 하루의 해가 저무는 밤,
더욱 밝게 빛나는 별을 찾아
환한 내일을 그리며

별빛을 어깨에 지고 돌아오는 길

고달픈 삶의 모퉁이에서
지친 몸 기진맥진 쓰러질까
또다시 허리띠를 독하게 졸라맨다

풀잎

만나고 싶고
보고 싶은데

어디에서
무엇을 하고
있나요

다정한
그 미소,
그 눈빛,

풀잎엔
이슬 방울만
방울방울 맺힌다

손톱 밑에 박힌 가시

이 세상은
너를 기다리지 않는다
지구는 끊임없이 제 갈 길을 가고 있단다

너만 마음이 여려서
늘 양보하고 물러서면
결국 낙오자가 되고 만단다

메뚜기도 잠시 한 철이야
순간을 포착해 최선을 다 해
알곡을 네 그릇에 담아야 한단다

행복은 멀리 있는 것이 아니라
바로 눈앞에 있다는 것을 잊지 말고
땀방울 흘리며 너의 손으로
열매를 거두어 들이기를 기도한단다

하늘 문이 열리고
너의 길이 환하게 열릴 때까지
밤낮으로 아픔을 끌어안고
손톱 밑에 박힌 가시, 아들만 바라본다

늪에 빠진 정

자식과 부모의 정,
끊을 수 없는 천륜의 끈을
무엇으로 끊을 수가 있을까
둥지를 떠나는 딸자식에게
집착의 끈을 놓지 못해
천 갈래 만 갈래 찢어지는 아픔에
허우적거리며 몸부림치는 어미의 심정,
집착의 끈을 놓아야 한다고
다짐을 하면 할수록
더욱더 깊은 늪으로 빠져가는 슬픈 정,
칡넝쿨보다 더 질긴 끈이 있다면
어미 마음을 꽁꽁 묶어
높은 나무에 매달고 싶은 심정을
하늘은 알고 있을까
땅은 느끼고 있을까

4부

디지털 경매
— 가락시장 경매장

리듬 타고 일만 오천!
경매사가 인이 박힌 생계의 운율로
낙찰 가격을 고속으로 선정하는 경매장
한 뼘의 틈도 주지 않지만 살벌한 경쟁 속에서
자리를 찾아 한쪽 엉덩이를 걸친다

왼쪽에 앉은 432번 일어나
자리를 나누자고 신호를 보내지만
돌덩이 같은 무지한 감각 꼼짝 않는다
한자리에 두 엉덩이가 앉으면
온몸의 핏줄이 오그라든다

바다 소금기를 빨아들인 내공의 힘,
억센 남자들 틈에서 자리를 지키는 차돌 같은 홍일점
삶의 매듭을 풀기 위해 맨발로 새벽을 달려온 길,
푸른 바다에 닿을 수 있다고 믿었던
출렁이는 물결 손가락 사이로 빠져나간다

>

수지 경매에서 디지털 경매로 바뀌는 시점
시시각각 오므렸다 폈다 하는 손가락
긴장에 더듬거리며 속도를 익힌다
생계의 숫자를 삽시간에 누르면 꿈틀거리는 전광판,
빛살이 번쩍 삶의 가치를 입력한다

고집불통 염소

햇살 따사로운 봄날, 산자락에
고삐 풀린 염소 한 마리
수염을 실룩거리며 상추를 뜯고 있다
바람에 실려온
쌉쌀하고 상큼한 냄새에
밭을 매던 할머니가 소리치신다
순간 귀를 쫑긋 세우고
염소가 한 발 물러선다
할머니는 염소를 말뚝에 묶는다
음매 음매 울기 시작하는 염소,
어느새 또 고삐를 풀고 밭으로 들어간다
할머니는 염소를 다시 말뚝에 묶는다
염소는 꼬리를 치켜세우고 있는 힘을 다 해
온종일 푸른 들판만 팽팽하게 당긴다

은행나무 도인

충남 태화산 기슭에
도인 한 분 서 계신다
팔뚝에 염주알을
다닥다닥 매달고 있다
열매 속에 은빛 사리를 담아
툭, 툭, 던져 주신다
고달픈 삶에 터지고 깨어진 역한 냄새,
등을 돌리지만
참고 사랑하라는 깨우침의 말씀,
노란 나비처럼 어깨 위에 내려앉는다
오랜 세월 도를 닦았는지
굳은살이 박힌 둥치에는
천년을 새긴 낙관이 찍혀있다
신비한 기운이 주위를 감돌고
가지마다 품고 있는 싱그러운 향기,
온유한 말씀에 새 힘을 얻는다
우람한 은행나무 풍채가 무량하다

풋밤이 가시를 세우다

설익은 풋 밤송이가 툭, 떨어진다
가시를 세운 밤송이가 발바닥을 찌른다

발자국마다 가시가 박혀있다
얼마나 많은 가시의 껍질을 벗겨야
알밤을 내 눈에 담을 수 있을까

풋밤이 여물 때면
아픔의 가시를 제치고
동글동글한 알밤을 품에 안을 수 있을까

가시는 속으로는
가장 순하고 부드러운 눈빛으로
싸매고 어루만지며 기다려온 세월 속에
촘촘하게 나를 에워싸고 있다

나를 아프게 찌르는 가시

눈물 쏟게 하는 독한 가시가
나의 버팀목,
가시도 때가 되면 꽃을 피운다

시리우스

창문 열고
밤하늘 쳐다보니
별마저 외로워 눈물 글썽인다

은하계, 우편에 자리한 별
들리듯 말 듯 나를 부르는 것 같아
나도 모르게 손을 내민다

눈빛을 마주하는 시리우스
창가에 서성이는 나에게
참고 살라며 밤마다 메시지 보낸다

지치고 힘들 땐
밤하늘 쳐다보며 별빛에 기대어
스스로 나를 달랜다

주름진 거울

아침저녁 거울을 읽는다 아침에는 거울 속의 나를 읽고 저녁에는 거울 밖의 나를 읽는다

새벽빛에 코드를 꼽는 햇살 드라이기로 하루를 충전한다 먼지투성이 하루를 지우는 저녁,

또 하나의 얼굴이 나타난다 화장을 지우니 숨어있던 주름이 튀어나온다 거울은 이중성이 만들어낸 주름을 어김없이 읽어낸다

컨설러를 두텁게 펴 발라 주름과 잡티를 감추어도 거울은 가면 속 생을 읽어낸다,

얼굴에 새겨진 이력서 들여다보면 거울 속에도 보일 듯 말 듯 눈물 자국이 나 있다

하루의 움직임 따라 선악의 이원성이 만들어낸 굴곡진 삶, 하늘 거울에 비추는 별은 어두워질수록 더욱 빛나지만 내 안의 나는 어두워질수록 지워진다 어둠 속에 있으면 거울 속의 주름은 더욱 늘어난다

>

나는 주름진 거울이다

새벽을 당기다

가락동 멸치 도매시장, 새벽 어스름을 헤치고
동해, 서해, 남해에서 올라온 멸치가 상자째 쏟아진다
은빛 바다가 공중에 솟구친다
새벽이 허공을 당길 때마다
전광판에 찍힌 가격표가 멸치처럼 튀어 오른다
팽팽한 공기가 물결치고
허공을 쥐었다 폈다 하는 손가락들이
물살을 가르며 빠르게 말을 한다
빽빽하게 모인 손가락 틈에 앉은 331 모자
왼쪽 눈 동공 파열로 점자가 된 눈동자
허공에 핀 말들을 읽지 못해 두리번거린다
파도치는 시세,
엄지와 검지가 방향을 잡지 못해 휘청거리는 사이
파고에 휩쓸린 손가락이 물거품처럼 스러진다
핏발 선 눈에서 멸치 상자들이 삽시간에 사라져버린다
터질 듯 부풀어 오르는 열기 속,
살아있는 목숨은 바닥에 떨어지고

부릅뜬 눈알이 별빛 되어 전광판에 꽂힌다
오늘도 그녀는 은빛 바다를 몰고 오는
죽은 멸치 떼의 새벽을 당긴다

워낭 수묵화

아버지,
뭉개진 발가락 마디마다
산 그늘 먹물 진다
누렁이 발자국도 따라 물든다

아버지도 누렁이도 주름 깊고
한숨 묵직하다

늙어서 앙상한 다리로 언덕을
올라가는 누렁이
구부러진 무릎으로 고추 모종하는 아버지,

달구지 태우고 고개 넘는 길,
서로의 그림자에 기대여
오늘도 해넘이 한다

한 폭의 수묵화다
지워지지 않는 그림이다

뱀 허물

비단뱀이 물뱀을
통째로 삼키는 장면을 보았다

언젠가 나도 어린 아들에게
시퍼런 독을 품은 독사가 된 적이 있었다

아들의 기억 속에 선명하게 똬리 튼 뱀,

가끔 그때의 상처를 딱딱하게 굳은
껍질을 벗겨 생살을 후벼 팠다

그럴 때면 난 아픈 손끝으로 어루만져
또 한 꺼풀 허물을 벗는다

허물을 벗을 때마다
아픔 속에 한 마디씩 자라나는 아들,

>

사랑과 미움이 하나가 되어
물뱀과 비단 뱀이 서로의 허물을 벗는다

산비탈에 반짝이는 비단빛 뱀허물,
차디찬 나의 허물이었다

미루나무 오선지

음표처럼 매달린 미루나무
이파리 위에 오월 햇살이
날아와 꽂힌다

햇살 꽃을 꽂은 정수리가
반짝일 때마다
늙은 미루나무뿌리에서
물오르는 소리,

주름진 음계 따라
높은 음표까지 올라간다

봄, 여름, 가을, 겨울
사계를 밟는 내 몸속에도
연둣빛 악보가 새겨진다
음양의 음절이
내 핏속에 끊임없이 흐르고 있다.

서로의 그림자 따라

— 영화 '워낭'을 관람하고

불어오는 바람이
워낭을 흔든다 딸랑, 딸랑,
늙은 소 울음이 산을 울린다,
들꽃 풀잎도 눈시울이 젖는다
소와 같이 우직하게 살아온 팔순 아버지
앙상한 다리로 달구지 끌고
비실 거리며 언덕을 오르는 늙은 소

아버지, 아홉 남매 공부시킨 뭉개진 발가락
거친 손마디에 그늘이 짙다
사료 한번 먹이지 않고
절뚝거리며 산에 올라 꼴을 베다 먹인 정성 40년
풀에 독이 묻을까 농약 한번 뿌리지 않고
밭농사를 망쳐도 내색하지 않았다
늙은 소와 아버지, 서로의 그림자 속에
아버지가 가는 곳 어디든지 따라다니는 늙은 소,

아버지 워낭소리 손에 쥐고 가슴에 묻는다

아버지 냄새

하루에도 수 없이 손을 씻는다
손톱 밑에 밴 똥 냄새
손가락 디밀어 냄새를 맡는다

부들부들 힘을 주어도 나오지 않는 똥
식은땀을 흘리며 끙끙, 빼앗기는 생명의 힘
허사로 빠져나가는 하루를 더 견딜 힘,
기저귀를 빼내고 관장을 준비했다

항문을 들여다보니
거무스름한 똥이 꽉 막고 있었다
관장제가 들어갈 틈이 보이지 않고
찡그린 얼굴이 차츰 까맣게 변했다

검지로 딱딱한 변을 파냈다
손톱으로 서넛 번 파내자 밤알만 한 똥
바닥으로 톡, 톡 떨어졌다

아버지 얼굴에 박꽃이 피었다

손 씻고 또 씻어도
손톱 밑에 냄새는 빠지지 않았다
끝없는 벼랑으로 내몰리던 수많은 날
손톱 밑에 밴 아버지 냄새를 맡는다

나를 붙잡아 주던 냄새,

구두 한 켤레

신발장에 구두 한 켤레
병중에 아버지가 주신 선물이다

바위에 붙어있는 따개비처럼
한시도 아버지 곁을 떠나지 않는 내게

"너는 최선을 다 하니까 어디 가던 잘 살 거야"
아버지가 주신 마지막 선물

울산 죽도 험한 벼랑을 떠나올 때
나를 단단히 품었던 구두

얼마나 험한 길을 걸어왔는지
뒷굽이 아버지 베개처럼 허옇게 낡아있다

이제 구두는 나를 품을 수 없지만
차마 나는 구두를 버리지 못한다

>

출근할 때마다 마주치는 구두 한 켤레
말없이 나를 지켜보신다

견명성 삼 화음

한 마음이 움직인다
또 한 마음이 교감되어 움직이면
또 한 마음이 합쳐서 삼각형을 이룬다

삼각형은 섬세한 감각으로
아름다운 예술을 창조하기 위해
혼신의 힘으로 집중한다

삼각형이 하얀 종이에
역으로 겹쳐져 별 모양이 된다
별이 된 꿈은 반짝이며 하늘로 날아오른다

별빛이 잔잔한 강물 위에
쏟아지면 강물은 별빛을 안고
더 넓고 깊은 곳으로 흘러간다

하늘과 강, 어디서나

은하수가 푸른 물결을 이룬다
견명성 삼 화음이
맑은 강물에 유연하게 흘러간다

길에서 길을 찾다

국도 6번, 길을 헤맨다

굽이굽이 돌아가는 길, 안개 자욱한 길

십자로 길에서 어느 쪽이

양양 가는 길인지 몰라 혼잣말로 물어본다

내 말을 들은 핸들은 들은 척도 않고

나를 태운 바퀴만 투덜댄다

혼자 가는 길이 아득하고 멀기만 하다,

밤하늘에 떠있는 무수한 별들도

나와 같이 길을 찾아 나서는 걸까

>

서녘 하늘에 개밥바라기 별 하나 따라온다

길을 찾아 나설 때마다 헤매는 길,

달려온 길보다 남아 있는 길이 아직 멀다

길에서 길을 찾아 헤맨다

끝없는 길,

삼단 우산, 우주선

우산같이 생긴 우주선이 있다면
삼단으로 접어 가방에 넣어 다닐 텐데

스위치만 누르면 나만의 우주선이 되어
많은 행성들과 반짝이는 빛으로
나달을 얘기하며
우주 공간을 날아갈 수 있을 텐데

견우와 직녀처럼
일 년에 한번 오작교에서 만날 수 있을 텐데

지구에서 우주까지 넘나들며
찬란한 빛으로 서로 이끌어 줄 수 있을 텐데
별똥별처럼 너에게 갈 수 있을 텐데

그러나 아직 우주선이 아닌 삼단 우산,
꼭, 꼭 접혀 베란다 구석에 앉아

비를 기다리며 귀를 곤두세운다

목마르게 하늘만 쳐다본다

입춘

긴 터널을 걸어서 찾아온 봄,

미루나무 가지들이

새벽 어스름 속에 기지개를 켠다

가슴으로 부딪쳐 오던 시린 바람

동트는 붉은 노을에 스르르 사그라지고

미루나무 우듬지에 둥지를 튼 까치

봄을 먼저 알아보고 요란스럽게 맞이한다

어느새 담장을 넘어온 약동하는 봄바람,

곤한 내 졸음을 흔들어 깨운다

>

얼었던 개울물 단비에 녹아

버들강아지 수줍은 얼굴에 물방울 튀기며

신명 난 듯 개울물이 봄을 연주한다

해설

삶으로서의 시, 시로서의 삶

이승희 시인

삶으로서의 시, 시로서의 삶

이승희 시인

우리가 꿈을 꿀 수 있는 것은 내가 지금 이 현실을 발 딛고 있기 때문이다. 현실이 가혹하면 가혹할수록 우리는 더 멀리 나 자신을 늘이거나 끌고 갈 수 있다. 그만큼 시인이 처한 현실은 시쓰기에 있어서 가장 중요한 조건이 된다. 거품과 욕망으로 들끓는 세상에서 오직 자신의 실천적 삶으로 시를 쓴다는 것은 어떤 의미일까. 우애자 시인의 시에서 찾을 수 있는 건강한 삶의 모습은 막연한 희망으로서가 아니라 그 실천적 삶을 바탕으로 한다는 점에서 특별하다고 할 수 있다. 자신의 내면에만 침잠한 채 그것만이 모든 세상이라고 말하는 시들에 조금씩 지쳐가는 때문이다. 또한 우애자 시인의 시에서 그러한 삶의 깊이가 형상화되면서 느낄 수 있는 건강한 희망의 상징성은 특별한 공감을 가져

온다는 점에서 주목할 만하다.

시인에게 있어서 '시를 쓴다는 것'은 오늘의 삶에 대한 반성임과 동시에 스스로 답을 구하고 치유하는 미래로서의 의미를 갖고 있다. 그리고 그것은 실체로서의 현실을 바탕으로 하고 있으며, 그래서 오늘의 현실이 고단한 모든 이들에게 전하는 위로가 될 수 있다. 이처럼 생활과 시의 자기 동일성은 "내 삶이 시이고 시가 생명"이라는 시인의 말에서도 잘 드러난다. 또한 서시 성격의 「투명한 거울」에서는 자신의 글 쓰는 행위를 "지구가 멈추지 않는 한/ 이름을 쓰고/ 역사를 쓰고/ 묘비를 쓰는 글"이라고 밝히고 있다. 이처럼 스스로 강력하게 시를 쓰는 행위를 자신의 삶과 동일시하고 있으며, 다른 시 「살아 숨 쉬는 詩」에서는 "해와 달이 자리를 옮겨가도/ 바위처럼 제 자리를 지키는/ 꺼지지 않는 등불/ 어두운 길 환하게 밝히리라"고 자신의 시의 지향점도 밝히고 있다. 이 같은 시인의 솔직한 고백은 시에 대한 절실함과 더불어 그 진정한 마음을 새삼 생각하게 만든다. 알 수 없는 기호들이 넘쳐나고 전략적인 시쓰기도 없지 않은 세상에서 자신의 실천적 가능한 생활을 주제로 하면서도 그것을 넘어서 삶의 변화를 꿈꾸는 일, 그것이 우애자 시인의 시를 조금 더 주목하게 하는 이유이다.

나는 내 손으로 새벽을 연다

일상이란 누구에게나 가장 익숙하여 습관적으로 진행되는 시간 위에 있다. 익숙하다는 것은 한편으로는 더없이 편안한 무엇이지만 그 한계 때문에 늘 답답한 무엇이기도 하다. 그러면서도 우리는 그런 일상으로부터 벗어나지 못한다. 그 만큼 일상은 견고하고, 막상 그것으로부터 벗어나는 것에 대한 두려움과 불안도 크다. 그런 일상의 궤도를 벗어나는 것은 곧 이 사회에서의 실패 혹은 탈락이라는 의미가 지배하기 때문이다. 그럼에도 이러한 생활을 소재로 한 시들의 경우 갈수록 인정받지 못하고 있는 것이 사실이다.

특히, 근래에는 이렇듯 우리 삶과 밀착된 실천적인 시를 보는 일이 더욱 드물어지고 있다. 혹자는 '그런 것은 이미 지나갔다'고도 말하지만 그것은 지나가는 문제가 아니다. 생활이 어찌 유행이 될 수 있는가. 생활은 그것으로서 가장 중요하고 의미 있는 삶이기 때문이다. 더욱이 우리의 일상성에 굴복하거나 머무는 것이 아니라 누구에게나 익숙한 그런 일상을 시인 자신의 몸과 마음을 통과시킴으로써 자신만의 색깔을 입혀 놓는다면 그것은 일상이면서 일상을 넘어서는 그 무엇이 된다는 점을 기억할 필요가 있다.

실재적 삶, 실체적 체험을 통해 시인이 그려내는 우리 삶의 무늬는 자기충족을 넘어 보다 건강한 우리 삶의 단면을 드러낸다는 점에서 반가운 시편들이다.

새벽하늘 별빛은

물먹은 흐릿한 눈빛으로 떠있고

페달을 밟고 도착한 가락시장

생선 비린내가 확 미간을 덮친다

반입된 물량, 공기 흐름에 하루가 시작되고

수요와 공급을 읽어내는 눈빛이 붉다

예민한 신경전, 팽팽하게 당기는 생의 줄기에

손가락은 푸른 가지를 뻗는다

감각으로 연신 허공을 가르는 손가락

물건 값을 당기는 중매인들 눈에 불꽃이 이글거린다

손가락 끝에서 아프게 피어나는 새벽 여섯 시,

—「새벽을 열다」 전문

이 시가 시인의 일상을 거의 그대로 반영한 거라면 여기서 몇 가지 사실을 알 수 있다. 시인의 일터는 가락시장이고, 수요와 공급에 민감한 경매 혹은 도매상이라고 추정할 수 있다. 그러나 보다 중요한 것은 그런 사실적 직업이 아니라, 그런 시간을 바라보는 시인의 눈이다. 누구보다 이르게 시작되는 하루가 보이고, 그 하루의 시작은 "예민한 신경전, 팽팽하게 당기는 생의 줄기"처럼 치열하다. 경매사들의 손가락은 "연신 허공을 가르며" "푸른 가지를 뻗고" 있다. 그렇게 "손가락 끝에서 피어나는 새벽 여섯 시"를 시인은 살아왔고, 살고 있다. 새벽을 밝히는 불빛은 형광등이 아니라 그 손끝에 있는 것이다. 그래서 그 손끝에서 푸른 가지가 뻗어나올 수 있고, 거기서 자란 가지들이 시인의 삶을 이루는 큰 나무가 되는 것이다. 이 시에서 보이는 이러한 시적 형상화는 일상이 시인의 몸과 마음을 지나면서 어떻게 변형되는지를 잘 보여준다. 일상을 담백하게 드러내면서도 지금 여기가 아닌 또 다른 여기를 꿈꾸는 일, 이는 자신의 삶에 대한 깊은 이해와 애정을 바탕으로 할 때 더욱 빛을 발할 수 있다.

시에서 보이는 비교적 구체적인 진술은 시인의 삶과 의식세계를 직접적으로 드러내는 데 주저하지 않는다. 최근의 우리 시단에서는 구체적 현실을 드러내지 않고 시인이 보고 느끼는 의식의 세계만으로 시를 쓰는 경우가 많다. 이 또한 옳고 그름의 문제는 아니다. 다만 그렇다고 구체적 생활로서의 시가 폄하되어서는 안 된다는 것이다. 현실에 대한 명료한 자각 없는 의식의 세계란 자칫 개인적 상징으로만 머물게 되거나 공중에 머무는 의식의 파편일 수도 있기 때문이다. 따라서 결론적으로 어떤 형태로든 명징한 시적 담론이 발견되어야 한다. 그런 면에서 우애자 시인의 시는 잘 읽힌다. 그것은 시적 소재들이 거의 대부분 실생활에서 비롯되기 때문이기도 하지만 대상을 형상화하는 과정이 간결하고 담백하기 때문이다.

잊히지 않는 깊은 생을 끌어안고
등 굽어지고 은빛 비늘이 벗겨져도
감지 못한 눈은 푸른 바다를 향해 달리고 있다

은빛 멸치는 어두운 상자 안에서

오래도록 아픈 꿈을 꾼다
길은 어디에도 보이지 않는데
끊임없이 길을 만들었던
찬란했던 시절만큼 가슴 시린 시간,

소금기에 하얗게 굳은 멸치
아픈 그림자를 지우며
은빛 비늘로 푸른 바다를 부른다
—「은빛 멸치」 부분

시인은 구체적 현실로서의 멸치를 보는 동시에 자신을 본다. 지금의 모습을 건너 한 생 전체를 들여다본다. 그것은 대상에 대한 깊은 이해와 그러한 이해를 가능케 하는 시인의 삶의 내력으로부터 비롯된 것으로 보인다. 구체적 현실로서의 멸치는 그저 멸치일 뿐이지만 자신을 투사하는 순간, 그것은 멸치를 넘어서 또 다른 자아가 되고 세계가 된다. '어두운 상자 안에서/ 오래도록 아픈 꿈을' 꾸는 일은 시인의 모습이기도 하고 우리 모두의 모습이 되기 때문이다. 그리고 우리는 모두 "제 속에 바다를 가둔" 채 살아가기도 한다. 우리 삶이 핍신할수록 그 바다의 크기를 오히려 키워가는 쓸쓸한 현실임에도 우리는 그렇게 바다의 크기를 늘려 오늘을 살아가는 힘을 얻는다. 우애자 시인의 시에서 찾을 수 있는 큰 특징 중의 하나는 아무리 삶이 절망스러워도 결코 희망의 끈을 놓지 않는다는 점이다. 현실을 결코 왜곡하지 않으면서 그러한 현실을 어떻게든 희망의 메시지로 돌려놓는다. 집요할 만큼 시편 전체에서 드러나고 있다. 이는 「도마 위에 오르다」에서도 잘 드러난다. "언젠가 도마 위에 올려진// 물고기가" 되어 "상처입고 뻐끔뻐끔 눈물을" 삼키면서도 "찢어진 지느러미로 중심을 잡고" "상처가 깊이 파고들수록 붉은 피는 뜨거워져"서 결국은 "상처는 아름다운 빛"이 된다. 뿐만 아니라 「은빛 언어」에서는 연어의 속성처럼 결국은 아무리 "힘들어도 처음으로 거슬러 오르는 사투"를 통해 "사선을 넘어 온 상처들이 빛"이 되고 "진정으로 다져진 한 문장"이 된다. 이 같은 희망적 종결은 시인의 천성이 그렇기도 하지만 그 자신의 삶의 지향점이기도 하다. 아무리 고달픈 현실이라도 긍정으로 받아들이는 일, 그러나 그러기까지 시인은 그 고통의 지점들을 어느 것 하나 지나치지 않고 정직하게 관통해온다. 그렇기 때문에 그러한 희망의 메시지는 더 큰 의미를 갖게 되는 것이다. 더불어 시인의 시에서 발견되는 큰 미덕 중의 하나는 '측은지심'이라 할만하다. 대상에 대한 이해와 안쓰러움이 그것이다. 그런 정서적 깊이는 그가 살아온 내력 속에

결핍과 고난의 시기를 지나왔음을 말해주는 것이며, 그런 과정들을 통해 세계에 대한 시인의 성찰이 깊어졌음을 보여주는 것이기도 하다.

희망은 그냥 주어지지 않는다

그런가 하면 그런 삶의 이력들을 통해 시인은 희망을 말하기에 앞서 현재의 자기 자신에게는 더욱 가혹하고 엄격하게 현실을 바라본다. "자신의 꿈을 위하여/ 스스로 찾아내고/ 스스로 감당하고/ 스스로 해결해야 한다"거나 "독과 약을 구별하지 못해 휘감기는 갈등/ 한 사발의 한약처럼 나를 달이는 인내"처럼 희망에 대한 끈을 놓치지 않기 위해 시인은 무던히도 자신을 단련한다. 자신에게는 가혹하지만 세상과 대상에 대해서는 연민의 마음을 바탕으로 하여 깊은 이해를 시도하는 행위가 지속적인 자기 갱신과 함께 이루어진다. 이러한 자기 갱신의 의지는 "독이 약이 되고 약이 독이 되는 세상/ 진짜와 가짜가 뒤바뀌는 현실" 앞에서 "밑바닥까지 내려가야만/ 나를 찾을 수 있다면/ 바닥에 납작 엎드려 눈과 귀를 닫고/ 순종하고 침묵하며 인내한다"는 의지로 나타난다. 이러한 자기 갱신을 위하여 시인은 자신의 많은 것을 버릴 수 있다고 말한다. 그러나 그렇게 버림으로써 비로소 진정한 자신을 찾을 수 있다는 것을 알고 있다. 그렇게 끊임없이 자기갱신을 통해 그가 가고자 하는 길은 고독하고 험난하다.

몸이 기우는 동안
내 안에 지도를 그려 넣는다
질주의 기억은 굳은살이 되어
아픈 꽃을 피운다

바닥으로 몸을 낮추고
세상 길을 읽어가던 날
내 발을 키우며 자라나는 세상사
저 넓은 세상을 다 읽을 수가 없어
무거운 발길로 헤매던 길,

길이 열리고 닫히는 갈림길에서
잠시 생각을 움켜쥐고 망설이다가
순간 길을 잃어버리고 돌고 돌아오는 길
발뒤꿈치가 벗겨지도록 걷다 보니

어느새 길은 다시 열린다

천 길 낭떠러지를
발바닥에 새기고 걸어온 길,
휘청거리며 중심을 잡으려고
뼈마디가 삐걱거린다
—「길을 그려가는 발길」 부분

우리가 살아 온 내력을 지도로 그린다면 어떤 모양이 될까. 말하지 않아도 우리는 모두 그런 지도 한 장을 가슴에 담고 살아가고 있다. 몸이 기울면 기운 만큼 지도의 한쪽이 가팔라지고, 가파르고 퍽퍽한 삶의 기억들은 그래도 앞을 향해 나아갈 것이다. 돌아보면 어떤 기억은 꽃이 되고, 어떤 기억은 여전히 아픈 손가락으로 남아 있다. 그 모든 것을 끌어안고 묵묵히 걸어가는 것, 결과로서의 모습이 아니라 그것 자체로 삶은 아름답다. 그리고 오늘을 걸어갈 수 있는 힘은 그런 기억으로부터 나온다는 것을 말해주고 있다. 그래서 시인은 "천 길 낭떠러지를/ 발바닥에 새기" 면서도 "휘청거리며 중심을 잡"을 수 있는 것이다. 삶에 대한 이러한 성찰은 "반죽으로 빚은 동그란 생각들/ 납작하게 눌렸다 뒤집어진다/ 뜨겁게 몇 번 뒤집어져야/ 노릇하게 익어가는 삶이 될까"(「달의 도형」), "숯덩이 하나/ 자신을 태우는/ 불꽃으로 생의 길을 연다"(「숯덩이」)에서처럼 시인의 시선이 닿는 곳의 사물들에서도 잘 드러난다. 세계에 대한 이해와 넓어짐은 단순히 나이가 들어감에 따라 그냥 주어지는 것이 아니다. 그것은 자아가 그만큼 세계로 열려야 하고, 주체로서의 자아가 섰을 때 가능한 것이다. 연민 혹은 측은지심은 단순히 동일시에서 오는 형식은 아니다. 어떤 과정을 체험하고 지나옴으로써 실제적으로 느꼈던 것들에 대한 공감으로 비롯된다. 실천적 체험이 주는 삶의 통찰과 이해인 셈이다.

주목할 것은 시인의 시선이다. 시인의 시선이 닿는 것들은 대부분 우리 삶의 낮은 곳을 상징하거나 차지하고 있는 것들이다. 주목받기보다는 그저 자신의 이름으로 묵묵히 존재하는 것들, 시인은 그런 것들에 유독 더 따뜻한 눈길을 보낸다. 소외를 통해 오히려 그들 스스로가 빛나는 존재가 될 수 있다고 끊임없이 말하는 일, 그것은 그 자신에게 하는 말이며, 우리 모두에게 시인이 던지는 간절함이다. 이렇게 바탕의 무늬가 되는 시인의 정서는 어디서 비롯된 것일까. 시집의 4부에서 아버지에 대한 기억을 다룬 몇 편의 시를 통해 일정 부분 살펴볼 수 있다.

아버지,

뭉개진 발가락 마디마다
산그늘 먹물진다
누렁이 발자국도 따라 물든다

아버지도 누렁이도 주름 깊고
한숨 묵직하다

늙어서 앙상한 다리로 언덕을
올라가는 누렁이
구부러진 무릎으로 고추 모종하는 아버지,

달구지 태우고 고개 넘는 길,
서로의 그림자에 기대여
오늘도 해넘이 한다

—「워낭 수묵화」 부분

수묵화는 채색을 쓰지 않고 먹으로만 그린 그림이다. 이 시를 보면 한 편의 그림이 자연스럽게 떠오른다. 그야말로 수묵화다. 그림을 산만하게 하는 것도 없고, 꾸미거나 애써 감추고 드러냄도 없다. 모두 버리고 간절함의 기억만을 남겼다. 시인에게 남아 있는 아버지에 대한 기억은 이 수묵화처럼 간절한 그리움이다. 중요한 것은 이 간절함을 드러내는 표현 방법이다. 주름도 깊고 한숨도 묵직하지만 이 또한 수묵화처럼 소박하다. 느리고 느려서 시간의 흐름이 고스란하다. 그러나 언뜻 진부해보이기까지 하는 이런 간결함을 통해서 비로소 수목화의 참맛처럼 그 울림이 남는다. 한편 아버지와의 기억이 좀 더 직접적으로 나타난 경우도 있다. "신발장에 구두 한 켤레/ 병중에 아버지가 주신 선물이다// 바위에 붙어있는 따개비처럼/ 한시도 아버지 곁을 떠나지 않는 내게// "너는 최선을 다 하니까 어디 가던 잘 살거야"/ 아버지가 주신 마지막 선물"(「구두한켤레」)처럼 아버지와 지금의 시인을 이어주는 구체적인 매개물도 있다. 그래서 시인에게 이 구두 한 켤레는 각별하다. "얼마나 험한 길을 걸어왔는지/ 뒷굽이 아버지 베개처럼 허옇게 낡아있다// 이제 구두는 나를 품을 수 없지만/ 차마 나는 구두를 버리지 못한다// 출근할 때마다 마주치는 구두 한 켤레/ 말없이 나를 지켜보신다". 구두 한 켤레는 구두이면서 동시에 아버지의 존재에 다름 아니다. 시인에게 있어 아버지는 극복의 대상이 아닌 지금을 지탱하게 하는 하나의 위로인 것이다. 아버지에 대한 기억과 더불어 고향과 유년의 기억에 대한 시편들도 종종 보인다. "고향 집 부엌에 자리 잡은 우물/ 열한 식구 빨래와 설거지를 한/ 두레우물이 내 팔뚝의 힘을 키웠다"(「가녀린 싹의 힘」) 거나 "아홉 살 때 울산 옥교동 성둑 밑 공터/ 먼 우주에서 온 별처럼 손짓하던/ 용접 불꽃, 나비처럼 날아/ 왼쪽 동공을 뚫고 들어와/ 운명의 길 어지럽게 흐트러 놓았다"(「눈에 핀 불꽃」)처럼 자신의 아픈 기억을 꺼내놓기도 한다. 그러나 우애자 시인은 이런 아픈 기억들로부터 도망치기보다는 이를 받아들이고 삼키며 새로운 자신을 키워왔다. 그리고 그런 과정의 기록이 바로 시가 아닌가 싶다. 위 시의 후반부에 나오는 "길을 열어 시를 쓰게 한 비망록의 한 문장/ 내 아픈 삶이 꽃이 되고 시가 되었기에/ 시를 떠나서는 살 수 없는" 시인으로 만든 것이고 보면, 그의 시쓰기는 숙명처럼 느껴지기도 한다.

> 씨앗의 등허리에
> 푸른 상처
> 돌멩이 매단 듯
> 한 쪽으로 기울어져 있다
>
> 누구에게도 내보인 적 없는 속,
> 검붉은 녹이 쌓이는 동안
> 여러 계절이 지났다

까만 씨앗 하나
상처를 안고 한 쪽으로 구르다
멎은 자리

봄 햇살이 푸르다
—「푸른 씨앗」 전문

우애자 시인은 시를 통해 꾸준히 자신을 갱신해왔으며, 그런 과정의 기록이 고스란히 이 시집 속의 시에서 읽혀진다. 그러나 단순히 그것의 기록에서 머물지 않고, 극히 사소한 일상속에서 삶의 비의를 읽어내려는 시도를 쉬지 않는다. 시를 쓰는 행위가 일상의 생활과 마찬가지로 그녀의 삶을 지탱하는 또 하나의 일상으로까지 이끌어오고 있는 것이다. 이를 통해 시인은 끝내 희망을 이야기할 수 있는 힘을 얻고 있으며, 그런 희망의 메시지가 공감을 가져올 수 있는 이유가 되기도 한다. 물론 삶에 대한 성찰이 항상 풍요로움이나 희망과 결합되는 것은 아니다. 그러나 지난한 과정을 거치며, 이를 순수하게 통과해낸 사람만이 말할 수 있는 희망의 이유는 분명 그 나름의 충분한 이유가 있다. 누구에게나 자신의 아픔이 가장 크다지만 그들 못지않게, 그 이상 힘겨운 시간을 살아온 시인이 부르는 희망가는 그래서 울림이 더욱 크다. 씨앗은 자신이 발아할 조건이 되지 않으면 며칠이건 몇 년이건 참고 기다릴 줄 안다. 자신이 놓인 자리를 탓하지 않고 그저 묵묵히 고난의 시간을 속으로 겪어낸 후에 비로소 싹을 틔운다. 그렇게 세계를 받아들이고, 자신도 세계 속으로 기꺼이 들어간다. 상처 때문에 기울었던 기억, 여러 계절이 지나는 동안의 절망이 비로소 싹을 틔우는 힘이 된다는 것, 시인은 자신의 삶을 통해 '시'라는 기록으로 남기고 있는 것이다. 우애자 시인의 시가 주는 힘은 바로 여기서 비롯되는 진정성의 힘이 아닌가 싶다.

우애자

우애자 시인은 울산에서 태어났고, 2009년『다시올 문학』으로 등단했으며, 현재 우일수산 대표로 재직하고 있다. 우애자 시인은 가락동 수산시장에서 홍일점 중매인이며, 따라서 그의 첫시집인『새벽을 열다』는 일상생활의 체험이 그만큼 간절하고 아름답게 각인되어 있는 시집이라고 할 수가 있다.
시는 상처이고, 시는 그 상처에서 피는 꽃이다. 비록, 어두운 상자 속에서 푸른 바다를 부르는 은빛 멸치에 지나지 않을지라도, 우애자 시인의『새벽을 열다』는 이 땅의 모든 사람들에게 삶의 아름다움과 희망의 메시지를 전해주고 있는 것이다.

이메일주소 : aarym@naver.com

우애자 시집

새벽을 열다

발　　행 2014년 1월 23일
지 은 이 우애자
펴 낸 이 반송림
편집디자인 김지호
펴 낸 곳 도서출판 지혜
계간 시전문지 애지
기획위원 반경환 이형권 황정산
주　　소 300-812 대전광역시 동구 선화로 203-1 2층 도서출판 지혜 (삼성동)
전　　화 042-625-1140
팩　　스 042-627-1140

전자우편 ejisarang@hanmail.net
애지카페 cafe.daum.net/ejiliterature

ISBN : 978-89-97386-82-6 03810
값 10,000원